NOUVEAU
GUIDE MANUEL

POUR LA

GARDE NATIONALE MOBILE
ET L'ARMÉE

CONTENANT :

1° La description du nouveau **Fusil à Aiguille** (Chassepot).

2° La théorie des nouvelles manœuvres dans l'armée et dans la garde nationale, par suite du nouveau fusil modèle.

3° Les nouvelles lois complètes sur l'armée, sur la réserve et sur la garde nationale mobile.

4° Précédé d'une notice historique sur les événements survenus en Europe et qui ont nécessité notre nouvelle organisation militaire.

5° Les cas de réforme.

Par A. DUMON.

ancien Vice-Consul de France.

PARIS
LE BAILLY, LIBRAIRE

rue de l'Abbaye-Saint-Germain-des-Prés, 2 bis.

1868

NOUVEAU
GUIDE MANUEL

pour la
GARDE NATIONALE MOBILE

[texte illisible]

1865

NOUVEAU

GUIDE MANUEL

POUR LA

GARDE NATIONALE MOBILE ET L'ARMÉE

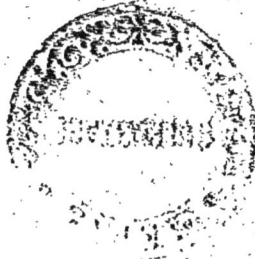

C

S. M. NAPOLÉON III.

Infanterie.— Porte-Drapeau.— Artilleur.

NOUVEAU

GUIDE MANUEL

POUR LA

GARDE NATIONALE MOBILE

ET L'ARMÉE

CONTENANT

1º La Description du nouveau FUSIL A AIGUILLE (Chassepot).

2º La Théorie des nouvelles manœuvres dans l'armée et dans la garde nationale, par suite du nouveau fusil modèle.

3º Les nouvelles Lois complètes sur l'armée, sur la réserve et sur la garde nationale mobile.

4º Précédé d'une Notice historique sur les événements survenus en Europe et qui ont nécessité notre nouvelle organisation militaire.

5º Les Cas de réforme.

PAR

A. DUMON

Ancien vice-consul de France.

PARIS

LE BAILLY, LIBRAIRE

6, rue Cardinale (faubourg Saint-Germain.)

1868

EXERCICE DU FUSIL À AIGUILLE (Chassepot.)

LE FUSIL A AIGUILLE

L'ARMÉE ET LA GARDE NATIONALE

NOTICE HISTORIQUE

SUR LES ÉVÉNEMENTS RÉCENTS SURVENUS EN EU-
ROPE ET QUI ONT NÉCESSITÉ NOTRE NOUVELLE
ORGANISATION MILITAIRE.

Celui qui voudra écrire l'histoire de ces dernières
années n'entreprendra pas une petite tâche. Les événements s'y pressent nombreux et palpitants ; ils se
succèdent avec une vertigineuse rapidité.

Il serait intéressant et dramatique, le récit de ces
rivalités implacables, de ces guerres sanglantes qui,
après avoir tant ému le monde, sont venues, si l'on
peut parler ainsi, se briser contre cet événement
grand entre tous qui s'appelle l'Exposition universelle
de 1867. Tous ces peuples qui tout à l'heure en
étaient aux mains, et ne trouvaient pas d'armes assez
meurtrières pour s'entre-tuer, ont vu leur courroux
s'apaiser au pied du temple-atelier élevé par la France
à la gloire des arts et de l'industrie. Ainsi les flots
impétueux accourant en bondissant de la pleine mer,
furieux sous leur écume noirâtre, viennent, subite-
ment apaisés, lécher doucement les rochers du rivage.

A la voix de la France conviant les nations à la
fête du travail, tous les peuples oubliant leurs que-
relles se sont donné la main dans une réunion fra-
ternelle.

Puisse le soleil qui a éclairé les splendeurs de cette

manifestation de l'intelligence être le flambeau de la paix !

Les dernières guerres n'ont pas eu pour unique résultat d'émouvoir et d'intriguer le monde. Dans ces luttes diverses où le pot de terre s'est heurté contre le pot de fer, ce n'est pas toujours à ce dernier qu'est revenue la victoire. Les champs de bataille, où les uns ont vu s'écrouler sous la main du destin des combats leurs ambitieuses espérances, ont été féconds pour les autres. Du tourbillon tumultueux de tous ces événements il est sorti des États nouveaux, des nationalités nouvelles ; certains petits pays qu'on était habitué à traiter un peu à la légère, dont on ne s'occupait même pas, tant il semblaient incapables de jamais lever haut la tête et de se mêler aux destinées de l'Europe en se mettant dans la balance qui les pèse, sont tout à coup devenus des puissances avec lesquelles il faudra désormais compter.

La situation de l'Europe est bien changée. Cet état de choses a nécessité de part de la France, comme de la part de toutes les autres nations, une nouvelle organisation militaire.

En face de peuples faibles devenus forts, et qui, longtemps inoffensifs et timides, peuvent nuire et menacer ; en face de l'équilibre européen rompu, la France a cru devoir accroître ses forces offensives et défensives, pour être prête à toutes les éventualités et ne pas déchoir.

La France est la souveraine du monde. La révolution de 89 l'avait faite libre ; Napoléon Ier en la sauvant de l'anarchie, en triomphant des monarques étrangers qui voulaient, profitant de nos discordes intestines, se partager notre sol, la fit grande. Longtemps les autres nations de l'Europe ne furent que les vassales de la France ; leurs capitales, des boulevards de Paris. Le premier empire fut une suite non interrompue de succès et de victoires... Nous fûmes grands jusque dans nos désastres. Waterloo lui-même ne fut pas une défaite... ce fut un martyre ! car dans ces luttes qui ont si souvent épouvanté l'humanité, dans ces luttes d'homme à homme, d'idée à idée, de peuple à peuple, dans ces luttes enfin d'un persécuteur qui s'acharne après sa victime et d'un persécuté qui ne se lasse pas, à qui revient la palme du triomphe? N'est-ce pas à celui qui meurt sans s'être rendu !

Aussi grande que la France était alors, elle l'est aujourd'hui. Nos victoires répondent dignement aux triomphes du premier empire. Nous sommes aussi grands que nos pères. Nous tenons le premier rang en Europe ; nous devons veiller à conserver intacte cette supériorité que les autres nations nous envient.

De là, la loi nouvelle sur l'armée, la réserve, la garde nationale et la garde nationale mobile ; de là, les efforts incessants faits pour perfectionner l'armement de nos troupes, afin de garder le premier rang et nous tenir prêts contre l'attaque, tout en maintenant haut et ferme le drapeau de la paix.

Nous allons essayer de retracer en quelques mots les événements que nous venons de citer et qui ont motivé l'organisation militaire et le projet de loi qui sont les grandes questions du moment.

On lira avec intérêt quelques détails sur les guerres récentes dans lesquelles le *fusil à aiguille* a joué son terrible rôle, c'est-à-dire sur les guerres des Duchés, d'Allemagne et d'Italie.

Avant 1864 la Confédération germanique se composait ainsi qu'il suit :

De pays allemands gouvernés par des souverains allemands : La Saxe, la Bavière, le duché de Bade, le Wurtemberg, le Hanovre, enfin la Prusse, le plus grand et le plus puissant de tous;

De pays allemands gouvernés par des princes étrangers : Schleswig-Holstein, Luxembourg; provinces allemandes autrichiennes.

Dans le Schleswig-Holstein et les duchés de l'Elbe, une partie de la population appartenant à la plus pure race danoise était travaillée par le désir d'attirer à elle l'élément allemand du pays, c'est-à-dire les populations issues en droite ligne de la race allemande primitive. Les populations allemandes, au contraire, tendaient à se séparer de l'élément danois. De là, d'abord une sourde rivalité, puis une haine impatiente de se satisfaire, entre ces deux races dévorées du désir de se dominer l'une l'autre.

La Prusse assista quelque temps impassible en apparence à ce spectacle qu'elle ne perdait pas de vue. Elle entrevit dans la querelle des Danois et des Allemands un profit quelconque pour elle. Une guerre entre l'Allemagne et le Danemark lui fournirait une bonne occasion d'arrondir son territoire et de conquérir ce qui manquait à son commerce et à sa prospérité : plusieurs ports de mer importants, sur la Baltique. Pénétrée de cette idée, qu'elle avait tout à gagner dans cette guerre imminente, elle manifesta hautement ses désirs et ses projets en prenant parti pour les Allemands dont elle soutint opiniâtrement les prétentions, et, en 1864 décida la Confédération germanique à déclarer la guerre au Danemark.

Une autre puissance surveillait activement les menées de la Prusse. L'Autriche, son implacable rivale, son éternelle ennemie, pesait d'un poids immense dans la Confédération germanique. Ambitieuse, elle aussi, fière de son passé, elle ne voyait pas sans crainte et sans inquiétude les manœuvres de la Prusse dont elle devinait le but. Elle comprenait que la Prusse ne se mêlait à cette guerre que dans l'intention et l'espoir de s'annexer plus tard les duchés de l'Elbe. Il y avait un moyen bien simple et bien sûr d'entraver la politique prussienne. C'était de l'approuver publiquement, sauf à la combattre tacitement. C'est ce que fit l'Autriche en se faisant donner par la Confédération germanique la direction, conjointement avec la Prusse, de la guerre contre le Danemark.

La guerre éclata.

L'attitude des Danois fut intrépide. Leur résistance fut énergique. Mais que pouvait une poignée d'hommes contre les armées de deux des plus puissantes nations de l'Europe ! Sans alliés, écrasé par le nombre, le Danemark dépensa un héroïsme inutile. Les affaires de Duppel, de Mysund, de l'île d'Alsen furent pour lui autant de désastres. Il fut contraint d'accepter la paix que lui imposèrent ses deux redoutables ennemies.

Dans cette guerre qui se termina par la conquête des Duchés, on voit déjà paraître les fusils à aiguille. Les Prussiens en étaient complétement armés. Une partie de l'armée autrichienne en avait aussi reçu du gouvernement prussien. Néanmoins, cette arme appelée à tant de célébrité ne joue pas un grand rôle dans cette guerre. Elle ne donne pas encore une idée de ce qu'elle peut et du terrible effet qu'elle produira plus tard.

Après la paix imposée au Danemark, l'Autriche et la Prusse restaient en présence. Les deux puissances se regardèrent avec méfiance et se demandèrent qui profiterait de la ruine du Danemark et des fruits de la guerre ?

Dès ce moment la Prusse prend cette attitude hau-

taine, dont elle ne s'est pas départie. Le ministre de
Prusse, M. de Bismark, dont le nom devenu si
célèbre se trouve alors à chaque instant dans les co-
lonnes des journaux qui traitent de la question allemande, M. de Bismark travaille, au sein de la
Confédération germanique, à faire prévaloir les prétentions de la Prusse sur les Duchés, au détriment
de celles du duc d'Augustenbourg. Le succès ne
couronne pas ses tentatives obstinées. La majorité de
la Confédération n'est pas pour lui.

Les incidents se précipitent.

La convention de Gastein est rompue après le vote
fédéral qui remet à l'Autriche le commandement su-
prême des troupes de la Confédération germanique.
Fureur de la Prusse qui se voit supplantée par sa
rivale détestée.

Il fallait une solution à cette rivalité qui se cachait
depuis si longtemps sous le voile de l'intérêt commun
de l'Allemagne. Cette solution était proche. Au mois
de juin 1866, la Prusse donne le signal d'une lutte
prochaine en déclarant brusquement qu'elle ne fait
plus partie de la Confédération germanique. Presque aussitôt, au moment où l'on était loin de croire
la guerre imminente, elle envahit la Saxe, pendant
que l'Italie, avec qui elle a conclu une alliance, entre
en Vénétie et prend les Autrichiens à l'improviste.

Depuis longtemps les Prussiens s'étaient préparés
à la guerre. Ils n'agissaient pas sans une longue et
mystérieuse préméditation.

Lorsque l'Autriche, toute soupçonneuse qu'elle
était, ne se doutait même pas que la Prusse fût en
état de déclarer et de soutenir la guerre, cette dernière se levait menaçante, terrible, forte, formida-
blement armée. Elle entrait en campagne et, sans
donner le temps à son ennemie de revenir de sa

stupeur, elle commençait hardiment les hostilités, confiante en sa force et fière d'avance de la grande partie qu'elle se flattait de gagner. Elle s'avançait avec la sécurité et la résolution d'un homme qui sait qu'il va combattre un ennemi pour ainsi dire désarmé, car il n'a pas songé à ses moyens de défense, ne prévoyant pas qu'il pût être en danger.

Aussi, la campagne fut-elle pour les troupes prussiennes une suite non interrompue de succès.

Le feld-maréchal Bénédeck, qui commandait en chef les troupes autrichiennes, commit dès le début de la guerre une faute énorme. Tout entier à l'idée de s'emparer de la Silésie, il négligea de garder et de défendre les défilés de Bohême. Cette faute n'échappa point au roi de Prusse. Menant rapidement la campagne, il s'empare sans brûler une amorce de Leipzig et de Dresde, de toute la Saxe; puis, entre triomphant en Bohême et marche sur Prague, capitale de ce pays.

Forcé de revenir sur ses pas au lieu de marcher sur Berlin, comme il se l'était proposé, le feld-maréchal Bénédeck éprouva plusieurs échecs : les combats de Trachau, de Trantenau furent autant de déroutes pour l'armée autrichienne.

Cependant, malgré ses insuccès, le maréchal Bénédeck était maître des voies ferrées et pouvait ainsi intercepter toutes les communications, ce qui n'était pas un mince avantage.

D'un autre côté, l'archiduc d'Autriche, Charles-Albert, remportait à Custozza une éclatante victoire sur les Italiens alliés de la Prusse.

On le voit : victoires et déroutes des deux côtés; il y avait compensation, quoique la balance penchât fort du côté de la Prusse. Mais en guerre, une victoire efface dix défaites.

L'Autriche longtemps battue reprit courage, enhardie par le succès de Custozza. La guerre menaçait de traîner en longueur, d'autant plus qu'aucun des partis ne semblait disposé à faire de concessions à l'autre. La paix, il n'y fallait pas songer ! Au point où les deux puissances en étaient arrivées, il fallait un dénoûment terrible, une de ces rencontres qui décident de l'issue d'une campagne et du sort d'une nation.

Les deux armées prussienne et autrichienne se rencontrèrent enfin à Sadowa. Elles s'élancèrent avec rage l'une contre l'autre. Ce fut une lutte acharnée, une de ces batailles comme il s'en était livré sous le premier empire. Un moment, le sort parut favoriser l'armée autrichienne. Protégée en partie par des bois d'où elle pouvait braver la fusillade de l'ennemi, elle accablait ce dernier qui pouvait se défendre difficilement contre des tirailleurs invisibles, et encore moins les attaquer. De dix heures du matin à deux heures du soir les Autrichiens eurent donc l'avantage contre l'armée ennemie commandée par le roi de Prusse en personne. Mais vers deux heures, les choses prirent un autre aspect. Le prince royal de Prusse arriva sur le champ de bataille à la tête de son corps d'armée. Cette arrivée subite décida du sort de la journée. L'armée autrichienne, un instant victorieuse, ne put dès lors résister aux Prussiens renforcés de troupes fraîches et, malgré la science stratégique et les efforts de son général Bénédeck, elle fut mise en pleine déroute.

C'est dans cette bataille funeste à l'Autriche que le fusil à aiguille a joué surtout son rôle. Les Prussiens laissaient arriver l'ennemi sur eux jusqu'à la distance de 50 pas. A cette distance il exécutaient une décharge générale suivie avec une rapidité effrayante de 5 ou 6 décharges précipitées qui semaient la mort et le désordre dans les rangs des Autrichiens, épouvantés de cette fusillade sans trêve dont ils n'avaient pas le secret.

Cette journée qu'un moment l'empereur d'Autriche avait pu croire être une victoire pour lui, découragea ce monarque, d'autant plus démoralisé par sa défaite qu'il s'était cru plus près du triomphe.

Malgré les succès de ses armes en Italie, à Custozza, à Lissa, il comprit qu'il serait dangereux de continuer une guerre dont il payait si chèrement les frais et il songea à faire des concessions au vainqueur. Il céda à la France la Vénétie, en choisissant comme médiateur, pour conclure la paix avec la Prusse, l'empereur des Français Napoléon III. Alors se nouèrent des conférences qui aboutirent à la paix dite paix de Prague et qui fut signée le 25 août 1866.

La troisième guerre où nous voyons le fusil à aiguille jouer un rôle, est la guerre de Garibaldi contre le gouvernement pontifical.

L'expédition garibaldienne avait été longuement et secrètement préparée. Une fois le signal donné par leur général, les volontaires garibaldiens se concentrèrent peu à peu autour des frontières des États du pape gardées par les troupes du roi d'Italie qui n'approuvait pas et ne pouvait approuver, politiquement parlant, l'entreprise de Garibaldi et craignait un coup de main inattendu de la part du hardi capitaine. Après quelques mois, rassemblés en grand nombre sur divers points des frontières romaines, les volontaires, ayant reçu le mot d'ordre, entrèrent par petits groupes et déguisés sur le territoire pontifical.

Garibaldi interné à Caprera suivait de là tous les mouvements de ses hommes à qui, en secret, il don-

naît ses instructions. Le moment venu, il s'échappe
de son île et accourt se mettre à la tête de sa troupe
audacieuse. Mais le brave général n'est plus jeune. Sa
laborieuse et aventureuse carrière touche à sa fin. Il
n'a plus les qualités indispensables à un général
d'armée et surtout à un commandant de volontaires.
Il manque de rapidité dans ses mouvements, et, dès
le début de la campagne, il est facile de prévoir que
l'issue ne lui sera point favorable.

L'Italie propice sans doute en secret à Garibaldi,
mais, comme nous l'avons dit, ne l'approuvant pas
publiquement, n'ose prendre aucun parti devant l'attitude de la France qui envoie au secours du saint-
père un corps d'expédition à Civita-Vecchia et à Rome.

Les hostilités commencent. Après plusieurs insuccès, les volontaires garibaldiens marchent sur Rome
et remportent à quelques milles de cette ville, à
Monte-Rotondo, une victoire sur les troupes ponti-
ficales.

Cependant, sur les instances du gouvernement ita-
lien, Garibaldi, malgré sa victoire de Monte-Rotondo,
allait évacuer le territoire romain. Mais l'armée pon-
tificale brûlait de prendre sa revanche. Appuyée par
une colonne française munie du fusil à aiguille chassepot, elle sort de Rome et rejoint à Mentana les
troupes garibaldiennes. L'attaque fut vive. Les volontaires se défendaient bravement. Tout à coup, un
bruit terriblement bizarre, une fusillade épouvantable
couvre d'une pluie de balles les rangs des garibaldiens. C'est la colonne française commandée par le
général de Failly, qui, pour en finir et décider de la
bataille, vient d'exécuter une décharge de ses fusils
à aiguille.

La terreur glace les plus braves des volontaires
et achève ce que la redoutable et rapide fusillade a

commencé. Les rangs troués s'éclaircissent à vue d'œil. Ceux qui ne tombent pas sous les balles cherchent leur salut dans la fuite. Lutter eût été impossible : comment résister à la foudre ? et la rapidité des coups de fusil-chassepot ne peut être comparée qu'à celle de la foudre.

Le territoire pontifical fut évacué aussitôt, et la colonne française victorieuse se replia sur Civita-Vecchia.

Le combat de Mentana dont il a été tant parlé et sur lequel on a tant écrit, a consacré la réputation du fusil-chassepot considéré dès à présent comme un des plus redoutables engins de guerre.

Ce combat, si funeste aux troupes garibaldiennes et à leur aventureux général, est-il enfin le dénouement de ce drame palpitant qui depuis si longtemps se déroule aux yeux du monde inquiet et offre le triste spectacle de la lutte acharnée du temporel et du spirituel, de l'idée et du fait ?

C'est à l'avenir de répondre. Le présent ne peut qu'attendre, regarder et se taire.

Voilà le résumé, aussi complet et aussi clair que possible, des guerres où le fusil à aiguille, digne émule des canons rayés et des armes aux plus longues portées, a décidé par la rapidité de son chargement et de ses coups du sort des batailles.

Nous allons maintenant faire la description du fusil modèle lui-même.

Le *fusil à aiguille*, connu déjà depuis quelque temps, excite plus que jamais, depuis les récents événements d'Italie, la curiosité publique.

Voit-on défiler une compagnie d'infanterie, on s'approche, on regarde si les hommes qui la composent sont armés de fusils anciens ou de fusils-chassepot. Se trouve-t-on en société avec un militaire, vite on lui demande l'explication du fusil à aiguille.

Désormais, tout le monde pourra savoir, aussi bien que l'inventeur lui-même, ce que c'est que le fusil à aiguille dont la manœuvre a cela de bon et de nouveau, qu'elle s'apprend en quelques leçons, c'est-à-dire bien plus facilement que la manœuvre des fusils mis à la réforme.

Il y a diverses variétés du fusil à aiguille.

On compte le système anglais, le système russe, le système américain....

Nous parlons du système Chassepot adopté en France, qui nous semble supérieur aux autres et que nous croyons être le dernier mot des armes meurtrières.

Cependant, voilà qu'on parle déjà d'une invention nouvelle qui l'emporterait en perfectionnement sur l'invention Chassepot. Le ministre de la guerre de Bavière a, parait-il, demandé à la Chambre de Munich un crédit de 4 millions et 1/2 pour l'achat de nouveaux fusils se chargeant par la culasse.

Allons, messieurs les armuriers auront encore de beaux jours.

DESCRIPTION
Du fusil modèle chassepot.

Cinq parties principales concourent à la formation du fusil modèle chassepot :

Le canon,
La culasse mobile,
La monture,
Les garnitures,
Le sabre-baïonnette.

1º LE CANON.

Le *canon* se compose de deux parties :
Le canon dans la simple acception du mot,
La boîte de culasse.

Dans l'intérieur du canon se trouvent : le tonnerre, la bouche, l'âme, la chambre qui reçoit la cartouche, quatre rayures qui, penchant de droite à gauche, font un tour sur 0ᵐ55. Calibre de l'arme, 11 millimètres.

A l'extérieur du canon nous comptons les parties suivantes :

Le guidon ;
Le petit tenon ;
Le grand tenon et la directrice ;
Le bouton fileté ;
Enfin, la hausse, composée elle-même de 7 pièces différentes :

Le *pied*, où se trouvent les gradins nécessaires au placement des curseurs aux légères distances ;
Le *ressort ;*
La *vis* du ressort ;
La *planche mobile*, qui porte trois crans de mire, dont deux sur la tête et un sur le pied et qui est graduée pour les distances sur le côté gauche, et en millimètres sur le côté droit ;
Le *curseur*, qui supporte le cran de mire mobile son quadrillage ;
L'*arrétoir ;*
La *goupille.*

La boîte de culasse.

Cette deuxième et importante partie du canon est formée de sept pièces :

La *boîte*, dans laquelle se trouvent : l'écrou, la fente supérieure, l'échancrure, le rempart, les pans, le trou pour la tête de gâchette, le trou taraudé pour la vis-arrêtoir, le tenon de recul, la queue de culasse, le trou pour la vis de culasse;

La *vis-arrêtoir*;

Le *ressort de gâchette*, qui se compose : du talon, de la branche du ressort, de la tête du ressort, de la tête de gâchette, des ailettes;

La *vis à tête carrée* du ressort de gâchette, son embase, son échancrure;

La *petite vis* du ressort de gâchette;

La *détente*, qui comprend trois pièces : le corps, le talon, la queue;

Enfin, la *goupille* de détente.

2° LA CULASSE MOBILE.

La *culasse mobile* comprend deux parties principales :

Le cylindre;

Le chien.

Quatre pièces composent le *cylindre* :

Le *cylindre* proprement dit, qui se compose lui-même : de la gorge, du renfort, du trou taraudé, de la tête mobile, du levier, de la fente inférieure, de la fente latérale, de la rainure du départ, de la rainure de sûreté, du cran de l'armé, du logement de la tête mobile, du logement du porte-aiguille et du ressort, du taraudage pour la vis-bouchon du grain;

La *tête mobile* : le dard, le recouvrement, la tige, le collet, le canal de l'aiguille, la chambre.

La *rondelle* de caoutchouc;

La *vis de tête* mobile.

Le *chien* est formé de douze pièces qui sont :

Le *corps* qui comprend : la crête quadrillée, le logement pour le galet, le logement de la noix, le trou central, la fente pour la vis-arrêtoir, le coude, la mortaise pour la pièce d'arrêt, les trous des goupilles ;

Le *galet ;*

La *pièce d'arrêt ;*

La *noix,* où l'on trouve : le corps, le trou intérieur, le plan incliné ;

Trois goupilles ;

Le *porte*-aiguilles : l'embase, la tige, le T ;

Le *manchon :* le trou fraîté pour l'aiguille, le logement du T ;

L'*aiguille :* la tête, la tige, la pointe ;

Le *bouchon :* la partie filetée, le carré et son embase, le trou cylindrique ;

Le *ressort à boudin.*

3° LA MONTURE.

Trois parties composent la *monture :*

Le *fût,* où l'on distingue : le logement du canon, le logement de la boîte de culasse, le logement de la gâchette, la fente pour le passage de la détente, l'encastrement du tenon de recul et de la queue de culasse, le canal de la baguette, l'encastrement des garnitures ;

La *poignée,* où se trouve l'encastrement de la feuille postérieure du poutet ;

La *crosse,* composée : du busc, de l'encastrement du battant, de la sous-garde, de la plaque de couche, du bec de la crosse, du talon.

4° LES GARNITURES.

Les *garnitures* comprennent les pièces ci-après :

La *baguette ;*

L'*embouchoir* et son ressort ;

La *grenadière* et son ressort;

La *sous-garde*, composée de la pièce de détente et du poutet;

Le *battant* de crosse : embase, anneau, pivot, rosettes, rivet;

La *plaque de couche;*

Les *vis à bois;* on en compte six : 2 vis de plaque de couche, 2 vis de battant de crosse, 2 vis de poutet;

La *vis à écrou* de la boîte de culasse.

5° LE SABRE-BAÏONNETTE.

Le *sabre-baïonnette* comprend trois parties essentielles :

La *monture*, qui se compose elle-même de deux pièces : 1° la poignée, où se trouvent : le pommeau, les cordons, les rainures, les logements du ressort et du poussoir, le poussoir, le ressort; 2° la *croisière*, où l'on distingue : la douille, la fente pour le petit tenon, les rosettes, la vis de croisière, la fente pour la directrice, le quillon qui sert à former les faisceaux ;

La *lame*, où l'on remarque : la soie, le talon, le dos, les pans creux, le tranchant, le biseau, la pointe;

Le *fourreau*, composé du corps, du poutet, de la cuvette avec ses battes, du fond, des deux rivets, du bouton.

Voilà le détail minutieux des cinq parties principales qui forment le fusil modèle 1866.

Chaque homme armé de ce fusil doit avoir sur lui les ACCESSOIRES, qui forment ce qu'on appelle le *nécessaire d'arme.*

Sept pièces composent le nécessaire d'armes :

La *boîte*, où se trouve le fond percé d'une fente pour la lame du tourne-vis;

L'*huilier*, qui comprend le vase à huile, la vis-bouchon, la rondelle de cuir;

La *lame* du tourne-vis ;

La *clef* ;

La *trousse* en drap, qui offre un compartiment pour la lame du tourne-vis et un autre pour la clef ;

La *spatule*-cuvette ;

Le *lavoir*.

En outre des pièces ci-dessus désignées, chaque soldat doit avoir les pièces suivantes, dites *pièces de rechange* : un ressort à boudin, deux aiguilles, dans un étui en fer-blanc; une pièce grasse en drap, une brosse douce à graisser, de la graisse, le tout dans une boîte en fer-blanc.

Il doit aussi être muni de curettes de bois tendre et de morceaux de vieux linge.

Une grande curette commune est entre les mains du chef d'escouade.

Nous aurons complété notre description lorsque nous aurons donné les renseignements que voici :

La *cartouche* se compose de trois parties : l'amorce, l'étui à poudre, la balle.

Le poids du fusil sans le sabre-baïonnette est de 4 kilogrammes 054 grammes.

Avec sabre-baïonnette, le poids du fusil est de 4 kilogrammes 687 grammes.

Le poids du sabre-baïonnette avec son fourreau est de 1 kilogramme 033 grammes.

La longueur du fusil sans sabre-baïonnette est de 1 mètre 30 centimètres;

Avec sabre-baïonnette, elle atteint 1 mètre 88 centimètres.

Charge du fusil modèle.

Le fusil-chassepot se charge en cinq temps.

Le peloton étant au port d'armes le chef commande :

Charge en cinq temps!

Chargez vos armes!

Un temps et deux mouvements.

1er Mouvement. — L'homme élève l'arme avec la main gauche à hauteur de la hanche, fait un demi-à-droite sur le talon gauche en portant le pied droit à 30 centimètres en arrière et à 25 sur la droite.

2e Mouvement. — L'homme abat l'arme avec les deux mains, le pouce de la main gauche allongé le long du bois, l'extrémité des autres doigts ne dépassant que légèrement les bords de la monture, sans toucher le canon; la crosse sous l'avant-bras droit, la poignée de l'arme contre le corps, à environ 10 centimètres au-dessous du téton droit, le bout du canon à hauteur de l'épaule; placer le pouce de la main droite sur la crête du chien, les autres doigts en arrière et contre la sous-garde, le coude légèrement élevé.

Armes!

Un temps et un mouvement.

On arme en faisant sonner distinctement la gâchette; on saisit le levier avec la main droite, les ongles en dessous.

Ouvrez le tonnerre!

Un temps et un mouvement.

On tourne le levier de droite à gauche, on le ramène brusquement en arrière, on porte la main à la giberne et on saisit la cartouche par l'étui à poudre.

Cartouche dans le canon!

Un temps et un mouvement.

On porte la cartouche dans l'échancrure, la balle en avant; on l'introduit dans la chambre en l'accompagnant avec le pouce, on saisit le levier de la main droite, les ongles tournés vers le corps.

Fermez le tonnerre!

Un temps et un mouvement.

On pousse fortement la culasse mobile pour achever d'introduire la cartouche dans la chambre ; on rabat le levier à droite ; on saisit l'arme à la poignée avec la main droite, le premier doigt en avant de la détente sans la toucher.

La charge en cinq temps peut être exécutée en partant de la position du soldat reposé sur l'arme.

Charge en cinq temps !

Chargez vos armes !

Un temps et deux mouvements,

1er Mouvement. — On élève l'arme, la main droite à hauteur de l'épaule ; on la saisit de la main gauche au pied de la hausse ; on descend la main droite à la poignée et on se fend à 30 centimètres en arrière et à 25 sur la droite.

2e Mouvement. — Comme il est prescrit plus haut. Deuxième, troisième, quatrième et cinquième temps comme il est aussi prescrit dans les articles ci-dessus.

Les armes étant chargées, si l'instructeur ne veut pas faire commencer le feu immédiatement il commande :

Désarmez !

Un temps et deux mouvements,

1er Mouvement. — Fixer les yeux sur la boîte ; saisir le levier de la main droite, le tourner pour amener le cran de sûreté au milieu de la fente supérieure de la boîte, placer le pouce en travers sur le chien, le premier doigt en avant de la détente, les autres en arrière et contre la sous-garde.

2e Mouvement. — Presser sur la détente pour dégager la noix, conduire le chien au cran de sûreté et saisir l'arme à la poignée avec la main droite.

Si le chef veut faire porter les armes il commande :

Portez vos armes !

Un temps et un mouvement.

On redresse vivement l'arme en revenant face en tête et on prend la position du port d'arme.

Les hommes étant au port d'arme, lorsque le chef voudra qu'ils mettent la baïonnette au bout du canon, il commandera :

Baïonnette au canon !

Un temps et trois mouvements.

1er Mouvement. — On saisit brusquement l'arme avec la main gauche, à hauteur de l'épaule, on détache un peu l'arme avec la main droite.

2e Mouvement. — On abandonne l'arme de la main droite, on la descend avec la main gauche, vis-à-vis le milieu du corps, la baguette en arrière, on passe la crosse à terre entre les pieds, sans frapper ; le canon vertical, l'extrémité à 8 centimètres de la poitrine ; on saisit l'embouchoir avec la main droite, on porte la main gauche renversée à la poignée du sabre-baïonnette.

3e Mouvement. — On arrache le sabre baïonnette, on le fixe au bout du canon, on empoigne l'arme avec la main gauche, le bras allongé, la main droite restant à l'embouchoir.

Portez vos armes !

Un temps et deux mouvements.

1er Mouvement. — On élève l'arme avec la main gauche, on la porte contre l'épaule droite, la baguette en avant ; on descend en même temps la main droite pour embrasser le chien et la sous-garde, le bras droit presqu'allongé.

2e Mouvement. — On laisse tomber vivement la main gauche dans le rang.

Croisez la baïonnette !

Un temps et deux mouvements.

1er Mouvement. — Comme le premier mouvement

du premier temps de la charge, excepté que la main gauche saisira l'arme un peu au-dessous de la grenadière et que le milieu du pied droit sera vis-à-vis et à environ 8 centimètres du talon gauche.

2e Mouvement. — On abat l'arme avec les deux mains, le canon en dessus, le coude gauche appuyé au corps ; on saisit en même temps l'arme à la poignée avec la main droite qui viendra s'appuyer contre la hanche, la pointe de la baïonnette à hauteur de l'œil.

Portez vos armes !

Un temps et deux mouvements.

1er Mouvement. — Redresser vivement l'arme avec la main gauche, en revenant face en tête, la placer contre l'épaule droite, la baguette en avant ; tourner la main droite pour embrasser le chien et la sous-garde, glisser la main gauche à hauteur de l'épaule, les doigts ouverts et joints, le bras droit presque allongé.

2e Mouvement. — Laisser tomber vivement la main gauche dans le rang.

Remettez la baïonnette !

Un temps et trois mouvements.

1er Et 2e mouvement. — Comme le premier et le deuxième mouvement de baïonnette au canon, excepté qu'à la fin du second commandement le pouce de la main droite se placera sur le ressort du sabre-baïonnette, et la main gauche embrassera la poignée et le canon.

3e Mouvement. — Faire effort du pouce de la main droite sur le ressort, enlever la baïonnette, la renverser à droite, la pointe en bas, descendre la croisière contre la main droite qui saisira la lame par le dos et le tranchant avec le pouce et les deux premiers doigts allongés, les deux derniers contenant

3

l'arme ; retourner la main gauche sans quitter la poignée, mettre le sabre-baïonnette dans le fourreau et saisir l'arme avec la main gauche, le bras allongé.

L'arme sur l'épaule droite !

Un temps et deux mouvements.

1er Mouvement. — Faire sauter l'arme verticalement en avant de la main droite dans la main gauche qui la saisit entre la grenadière et la hausse ; placer en même temps la main droite sur le plat de la crosse, de manière que le bec se trouve entre les deux premiers doigts, les deux derniers sous la crosse.

2e Mouvement. — Abandonner l'arme de la main gauche, achever de l'élever de la droite, la porter sur l'épaule droite, le levier en dessus, laisser tomber la main gauche dans le rang.

Portez vos armes !

Un temps et deux mouvements.

1er Mouvement. — Redresser l'arme perpendiculairement, en allongeant vivement le bras droit de toute la longueur, la baguette en avant, saisir en même temps l'arme avec la main gauche à hauteur de la hausse.

2e Mouvement. — Abandonner la crosse de la main droite, qui embrassera aussitôt le chien et la sous-garde, achever de descendre l'arme avec la main droite, glisser la main gauche à hauteur de l'épaule les doigts ouverts et joints et prendre la position du port d'arme.

L'arme sur l'épaule droite !

Un temps et deux mouvements.

1er Mouvement. — Saisir l'arme avec la main droite à la poignée, placer la main gauche sous la crosse, la paume de la main contre le plat extérieur ; le talon entre le premier et le second doigt, les deux derniers sous la crosse.

2ᵉ Mouvement. — Tourner l'arme avec la main gauche, dans la main droite, le levier en dessus, la porter sur l'épaule droite, la main gauche ne quittant pas la crosse, le bout du canon en l'air ; contenir l'arme dans cette position, en plaçant la main droite sur le plat de la crosse, laisser tomber la main gauche dans le rang.

L'arme au bras !

Un temps et deux mouvements.

1ᵉʳ Mouvement. — Comme pour porter l'arme.

2ᵉ Mouvement. — Tourner l'arme avec les deux mains, le canon en avant, la saisir à la poignée avec la main droite, la porter vis-à-vis l'épaule gauche ; placer l'avant-bras gauche étendu sur la poitrine et laisser tomber la main droite dans le rang.

On peut aussi mettre l'arme sur l'épaule droite en partant de la position du soldat reposé sur l'arme.

Un temps et trois mouvements.

1ᵉʳ Mouvement. — Élever l'arme verticalement, la main droite à hauteur des yeux, le levier en avant ; la saisir en même temps avec la main gauche à la poignée.

2ᵉ Mouvement. — Achever d'élever l'arme avec la main gauche pour la porter sur l'épaule droite ; lâcher l'arme de la main droite et descendre vivement cette main sous la crosse.

3ᵉ Mouvement. — Laisser tomber la main gauche à sa position.

Reposez-vous sur vos armes !

Un temps et trois mouvements.

1ᵉʳ Mouvement. — Allonger le bras droit de toute sa longueur, sans baisser l'épaule, saisir l'arme avec la main gauche au-dessous de la grenadière, la baguette en avant.

2ᵉ Mouvement. — Quitter la crosse de la main

droite ; descendre l'arme avec la main gauche le long et près du corps, la saisir au-dessus de la grenadière avec la main droite qui sera appuyée à la hanche.

3e Mouvement. — Porter la crosse à terre en allongeant le bras droit, laisser tomber en même temps la main gauche à sa position.

La charge à volonté s'exécute comme la charge en cinq temps, sans s'arrêter sur aucun des temps.

Les armes ne doivent être chargées qu'au moment de faire feu.

On décharge l'arme au moyen d'un tiré-cartouche. Si le tire-cartouche ne suffit pas on a recours à la baguette dont on se sert comme il suit : on ouvre le tonnerre, on s'assure que l'aiguille n'est pas sortie ; après avoir posé la crosse à terre, entre les pieds, l'arme légèrement inclinée en avant, on tire la baguette, on l'introduit dans le canon et on la laisse tomber sur la cartouche en ouvrant la main pour éviter tout accident.

Pointage. Règle du tir.

Il est à remarquer que, pour pointer, les soldats n'ont pas leurs sacs et n'ont pas non plus le sabre-baïonnette au bout du fusil.

Pointage sur chevalet avec la ligne de mire de 200 mètres.

L'instructeur place un fusil sur le chevalet de pointage ou sur un sac à terre placé soit sur un banc, soit sur un faisceau, et dirige la ligne de mire de 200 mètres sur un point marqué d'une manière quelconque, il place la hausse et le guidon de manière que ces parties de l'arme ne penchent ni à droite ni à gauche.

Il montre aux hommes les deux points qui déterminent la ligne de mire, c'est-à-dire le sommet du guidon et le fond du cran de la hausse. Pour pointer, il suffit de mettre ces deux points et celui que l'on doit viser sur le même alignement ; par conséquent il faut regarder ces trois points avec un seul œil, l'œil droit, en fermant l'œil gauche.

Les hommes regardent ensuite tour à tour en fermant l'œil gauche et en se plaçant en arrière de la crosse sans la toucher, le fond du cran de la hausse, le sommet du guidon et le centre du point sur lequel la ligne de mire a été dirigée, et s'assurent ainsi que ces trois points sont bien sur le même alignement. Chaque soldat vise le point désigné, et une fois l'exactitude du pointage reconnue, le fusil est dérangé. Les hommes pointent alors en se plaçant en arrière de la crosse et en faisant mouvoir l'arme avec la main droite.

Chaque homme doit s'exercer à fermer l'œil gauche sans effort, ce à quoi beaucoup s'habituent difficilement et ce qui est indispensable pour que la vision de l'œil droit soit parfaitement nette.

Il n'est point facile de diriger la ligne de mire sur un point. Pour pointer, il faut placer l'œil, le cran de mire, le guidon et le point à viser dans la même direction. Le tireur doit exécuter cette opération dans un ordre méthodique, c'est-à-dire que, sans se préoccuper du but, il doit mettre son œil dans le prolongement de la ligne de mire et faire mouvoir l'arme, l'œil restant lié aux mouvements de la ligne de mire pour amener cette ligne à passer par le point déterminé. Le tireur doit surtout prêter une attention toute particulière à prendre la ligne de mire. Il est impossible de mettre l'œil sur le prolongement de la ligne qui passe par le fond du cran de mire et le sommet du guidon, car le guidon est alors caché tout entier par la hausse. Pour l'apercevoir il faut légèrement élever l'œil au-dessus de cette ligne de manière à apercevoir une certaine quantité de guidon.

Théorie sommaire du tir. La Hausse, Maniement du Curseur.

La *portée* est la distance à laquelle un corps tombe de son point de départ. Cette portée est variable avec l'angle de départ et la force d'impulsion, de même que le trajet que parcourt le corps pour arriver à terre. Ce trajet est une ligne courbe qu'on appelle *trajectoire*.

Plus le but est éloigné, plus le corps lancé doit s'élever, dans certaines limites, pour venir l'atteindre.

Ce fait se produit dans un fusil où la balle s'élevant d'abord graduellement par rapport à la ligne de mire s'en rapproche ensuite pour venir la rejoindre après avoir décrit sa trajectoire, et le point où elle la rejoint est d'autant plus éloigné que la balle se sera élevée davantage par rapport à la ligne de mire.

Pour augmenter la portée il faut augmenter l'angle que forme le canon avec la ligne de mire. La portée d'une balle varie donc avec l'inclinaison que l'on donne au canon par rapport à la ligne de mire ; à chaque distance correspond une inclinaison déterminée.

Les hausses dont sont pourvus les fusils servent à régler cette inclinaison : l'inclinaison du canon varie selon que le curseur est plus ou moins élevé e long de la planche. La cible est atteinte plus haut ou plus bas selon le plus ou moins de force de la hausse.

Maniement du curseur. — Dès que le chef a indiqué la distance, chaque soldat couche la planche en avant ou en arrière, suivant le cas; il saisit les rebords du curseur avec la pouce et le premier doigt de la main droite et le fait jouer de façon à le mener à la place qu'il doit occuper ; il lève la hausse selon que la distance le demande.

Pour porter les armes le soldat rabat la hausse après avoir préalablement désarmé.

Règle du tir.

On doit viser le centre de la cible :

Jusqu'à 250 mètres avec la mire de 200 mètres ;
Entre 250 et 350 mètres avec la mire de 300 mètres ;
Entre 350 et 450 mètres avec la mire de 400 mètres ;
Entre 450 et 550 mètres avec la mire de 500 mètres.

Pour les distances au delà de 550 mètres on doit lever le curseur de sorte que le bord supérieur gauche monte au trait qui détermine la distance.

Connaissez vous le fameux principe *Si vis pacem parabellum*, c'est-à-dire, *si tu veux la paix mets-toi en mesure de faire la guerre ?* Le vote de la nouvelle loi, notre nouvelle organisation militaire sont le développement de ce principe. Plus on est fort, plus on est craint et moins on a à craindre.

En France tout le monde sera soldat. Il n'y a pas de quoi trop s'étonner de cela. Sous la première république, alors que l'Europe coalisée contre la France lançait sur nous ses inombrables bataillons, tous les enfants de la patrie se levèrent en masse. Les jeunes allaient mourir aux frontières, les vieillards forgeaient des armes pour les jeunes qui défendaient leurs foyers. Vienne la guerre, ce qu'à Dieu ne plaise ! nous serons prêts comme autrefois à repousser encore l'Europe liguée contre nous. Et l'on verra la garde nationale mobile lutter d'audace et d'héroïsme avec la troupe de ligne.

On s'est souvent moqué de la garde nationale, on l'a chansonnée... Les moqueurs ont tort. La garde nationale a ses traditions. Elle a eu de beaux jours de gloire et fut souvent citée à l'ordre du jour de l'armée républicaine. Combien de victoires dont la France sera fière éternellement et que l'histoire a enregistrées parmi les plus beaux faits d'armes, sont dues au courage de ces citoyens devenus tout à coup soldats, à l'appel de la patrie en danger !

A ceux qui lui demanderaient ses titres de gloire, ses services, ses batailles, la garde nationale peut répondre : Valmy, Jemmapes ! C'est la garde nationale mobile, en effet, qui remporta ces deux grandes victoires et qui, la même année, prit Tournai, Gand, Charleroi, Bruxelles, Francfort, Ostende, Malines, Ypres, Furnes, Bruges, Anvers, Liége, Namur.

Ne sourions donc pas en songeant à ces soldats improvisés. S'ils n'ont pas les allures du militaire, ils en ont la fermeté. Dans chaque poitrine de Français, bat le cœur d'un soldat.

La loi sur le recrutement de l'armée et sur l'organisation de la garde nationale mobile a été votée par le Corps législatif dans sa séance du 14 janvier 1868.

Nous donnons le texte de cette loi que nous faisons suivre des dispositions et articles de l'ancienne loi qui restent exécutables et sont le complément de la nouvelle loi qui les laisse en vigueur tout en ne faisant que les indiquer, supposant que nul ne les ignore, par la raison que nul n'est censé ignorer la loi.

LOI

SUR LE

RECRUTEMENT DE L'ARMÉE

ET SUR L'ORGANISATION

DE LA

GARDE NATIONALE MOBILE

VOTÉE PAR LE CORPS LÉGISLATIF
DANS SA SÉANCE DU 14 JANVIER 1868,
ET SANCTIONNÉE PAR LE SÉNAT
DANS SA SÉANCE DU 28 JANVIER MÊME ANNÉE.

LOI

LE RECRUTEMENT DE L'ARMÉE

ET SUR

L'ORGANISATION DE LA GARDE MOBILE

TITRE PREMIER.
Du Recrutement de l'armée.
ARTICLE PREMIER.

Les articles 4, 13, 15, 30, 33 et 36 de la loi du 21 mars 1832 sont modifiés ainsi qu'il suit :

Art. 4. Le tableau de la répartition entre les départements du nombre d'hommes à fournir en vertu de la loi annuelle du contingent pour les troupes de terre et de mer sera annexé à ladite loi.

Les premiers numéros sortis au tirage au sort déterminé par l'article suivant formeront le contingent des troupes de mer.

Le mode de cette répartition sera fixé par la même loi.

Art. 13. Seront exemptés et remplacés, dans l'ordre des numéros subséquents, les jeunes gens que leur numéro désignera pour faire partie du contingent, et qui se trouveront dans un des cas suivants, savoir :

1° Ceux qui n'auront pas la taille d'un mètre cinquante-cinq centimètres ;

2° Ceux que leurs infirmités rendront impropres au service ;

3o L'aîné d'orphelins de père et de mère ;

4º Le fils unique ou l'aîné des fils, ou, à défaut de fils ou de gendre, le petit-fils unique ou l'aîné des petits-fils d'une femme actuellement veuve, ou d'un père aveugle ou entré dans sa soixante et dixième année.

Dans les cas prévus par les paragraphes ci-dessus notés 3º et 4º, le frère puîné jouira de l'exemption si le frère aîné est aveugle ou atteint de toute autre infirmité incurable qui le rende impotent.

5º Le plus âgé de deux frères appelés à faire partie du même tirage et désignés tous deux par le sort, si le plus jeune est reconnu propre au service ;

6º Celui dont un frère sera sous les drapeaux à tout autre titre que pour remplacement ;

7º Celui dont un frère sera mort en activité de service, ou aura été reformé ou admis à la retraite, pour blessures reçues dans un service commandé, ou infirmités contractées dans les armées de terre ou de mer.

L'exemption accordée conformément aux numéros 6 et 7 ci-dessus sera appliquée dans la même famille autant de fois que les mêmes droits s'y reproduiront.

Seront comptées néanmoins en déduction desdites exemptions, les exemptions déjà accordées aux frères vivants, en vertu du présent article, à tout autre titre que pour infirmités.

Le jeune homme omis qui ne se sera pas présenté par lui ou ses ayants cause, pour concourir au tirage de la classe à laquelle il appartenait, ne pourra réclamer le bénéfice des exemptions indiquées par les numéros 3, 4, 5, 6 et 7 du présent article, si les causes de ses exemptions ne sont survenues que postérieurement à la clôture des listes du contingent de sa classe.

Les causes d'exemption prévues par les articles 3, 4, 5, 6 et 7 ci-dessus devront, pour produire leur effet, exister au jour où le conseil de révision est appelé à statuer.

Celles qui surviendront entre la décision du conseil de révision et le 1er juillet, point de départ de la durée du service de chaque contingent, ne modifieront pas la position légale des jeunes gens désignés pour en faire définitivement partie.

Néanmoins, l'appelé qui postérieurement, soit à la décision du conseil de révision, soit au 1er juillet, deviendra l'aîné d'orphelins de père et de mère, le fils unique ou l'aîné des fils, ou, à défaut de fils ou de gendre, le petit-fils unique ou l'aîné des petits-fils d'une femme veuve ou d'un père aveugle, sera, sur sa demande et pour le temps qu'il a encore à servir, assimilé au militaire de la réserve, et ne pourra plus être rappelé qu'en temps de guerre.

Art. 15. Les opérations du recrutement seront revues, les réclamations auxquelles ces opérations auraient pu donner lieu seront entendues, et les causes d'exemption et de déduction seront jugées, en séance publique, par un conseil de révision composé :

Du préfet, président, ou, à son défaut, du secrétaire général, ou du conseiller de préfecture délégué par le préfet ;

D'un conseiller de préfecture ;

D'un membre du conseil général du département ;

D'un membre du conseil d'arrondissement, tous trois à la désignation du préfet ;

D'un officier général ou supérieur désigné par l'Empereur.

Un membre de l'intendance militaire assistera aux opérations du conseil de révision ; il sera entendu toutes les fois qu'il le demandera et pourra faire consigner ses observations aux registres des délibérations.

Le conseil de révision se transportera dans les divers cantons ; toutefois, suivant les localités, le préfet pourra réunir dans le même lieu plusieurs cantons pour les opérations du conseil.

Le sous-préfet ou le fonctionnaire par lequel il aurait été suppléé pour les opérations du tirage, assistera aux séances que le conseil de révision tiendra dans l'étendue de son arrondissement.

Il y aura voix consultative.

Art. 30. La durée du service pour les jeunes soldats faisant partie des deux portions du contingent mentionnées dans l'article précédent est de cinq ans, à l'expiration desquels ils passent dans la réserve, où ils servent quatre ans, en demeurant affectés, suivant leur service antérieur, soit à l'armée de terre, soit à l'armée de mer.

La durée du service compte du 1er juillet de l'année du tirage au sort.

Les militaires de la réserve ne peuvent être rappelés à l'activité qu'en temps de guerre, par décret de l'Empereur, après épuisement complet des classes précédentes, et par classe, en commençant par la moins ancienne.

Ce rappel pourra être fait d'une manière distincte et indépendante pour la réserve de l'armée de terre et pour celle de l'armée de mer.

Les militaires de la réserve peuvent se marier sans autorisation dans les trois dernières années de leur service dans la réserve. Cette faculté est suspendue par l'effet du décret de rappel à l'activité.

Les hommes mariés de la réserve restent soumis à toutes les obligations du service militaire.

4

Le 30 juin de chaque année, en temps de paix, les soldats qui auront achevé leur temps de service dans la réserve recevront leur congé définitif.

Ils le recevront, en temps de guerre, immédiatement après l'arrivée au corps du contingent destiné à les remplacer.

Lorsqu'il y aura lieu d'accorder des congés illimités, ils seront délivrés, dans chaque corps, aux militaires les plus anciens de service effectif sous les drapeaux, et de préférence à ceux qui les demanderont.

Les hommes laissés ou envoyés en congé pourront être soumis à des revues et à des exercices périodiques qui seront fixés par le ministre de la guerre.

Art. 33. La durée de l'engagement volontaire sera de deux ans au moins.

L'engagement volontaire ne donnera lieu à l'exemption prononcée par le numéro 6 de l'article 13 de la présente loi qu'autant qu'il aura été contracté pour une durée de neuf ans.

Dans aucun cas, les engagés volontaires ne pourront être envoyés en congé sans leur consentement.

Art. 36. Les rengagements pourront être reçus même pour deux ans, et ne pourront excéder la durée de cinq ans.

Les rengagements ne pourront être reçus que pendant le cours de la dernière année de service sous les drapeaux, ou de l'année qui précédera l'époque de la libération définitive.

Après cinq ans de service sous les drapeaux, ils donneront droit à une haute paye.

Les autres conditions seront déterminées par des décrets insérés au *Bulletin des lois.*

ARTICLE 2.

Les titres II, III et V, de la loi du 26 avril 1855 relative à la dotation de l'armée, et les lois des 24 juillet 1860 et 4 juin 1864, sont abrogés.

Les substitutions d'hommes sur la liste cantonale et le remplacement sont autorisés conformément aux articles 17, 18; 19, 20, 21, 22, 23, 24, 28 et 29 de la loi du 21 mars 1832, lesquels sont remis en vigueur (1).

Est également remis en vigueur le titre III de la même loi, sauf les modifications apportées aux articles 33 et 36 par l'article 1er de la présente loi. (2).

TITRE II.

De la Garde nationale mobile.

SECTION PREMIÈRE.

De sa composition. — De son objet. — De la durée du service.

ARTICLE 3.

Une garde nationale mobile sera constituée à l'effet de concourir, comme auxiliaire de l'armée active, à la défense des places fortes, des côtes et frontières de l'Empire, et au maintien de l'ordre dans l'intérieur.

Elle ne peut être appelée à l'activité que par une loi spéciale.

Toutefois, les bataillons qui la composent peuvent

(1) Voir à l'Appendice la note 1re.
(2) Voir   la note 2e.

être réunis au chef-lieu ou sur un point quelconque de leur département, par un décret de l'Empereur, dans les vingt jours précédant la présentation de la loi de mise en activité.

Dans ce cas, le ministre de la guerre pourvoit au logement et à la nourriture des officiers, sous-officiers, caporaux et soldats.

ARTICLE 4.

La garde nationale mobile se compose :

1º Des jeunes gens des classes des années 1867 et suivantes, qui n'ont pas été compris dans le contingent, en raison de leur numéro de tirage ;

2º De ceux des mêmes classes auxquels il a été fait application des cas d'exemption prévus par les numéros 3, 4, 5, 6 et 7 de l'article 13 de la loi du 21 mars 1832 (1) ;

3º De ceux des mêmes classes qui se seront fait remplacer dans l'armée.

Peuvent également être admis dans la garde nationale mobile ceux qui, libérés du service militaire ou de la garde nationale mobile, demandent à en faire partie.

Les substitutions sont autorisées dans la famille jusqu'au sixième degré inclusivement ; le substituant doit être âgé de moins de quarante ans et remplir les autres conditions prévues par la loi de 1832.

Les conseils de révision exemptent du service de la garde nationale mobile les jeunes gens compris sous les paragraphes 1 et 2 de l'article 13 de la loi de 1832 (2).

---

(1) Voir à l'Appendice la note 3e.
(2) Voir la note 4e.

Les conseils de révision dispensent du service dans la garde nationale mobile :

1° Ceux auxquels leurs fonctions confèrent le droit de requérir la force publique ;

2° Les ouvriers des établissements de la marine impériale et ceux des arsenaux et manufactures d'armes de l'État dont les services ouvrent des droits à la pension de retraite ;

3° Les préposés du service actif des douanes et des contributions indirectes ;

4° Les facteurs de la poste aux lettres ;

5° Les mécaniciens de locomotives sur les chemins de fer.

Les conseils de révision dispensent également les jeunes gens se trouvant dans l'un des cas de dispense prévus par l'article 14 de la loi de 1832, par l'article 79 de la loi du 15 mars 1859 et par l'article 18 de la loi du 10 avril 1867, les jeunes gens qui auront contracté avant le tirage au sort l'engagement de rester dix ans dans l'enseignement primaire, et qui seront attachés, soit en qualité d'instituteur ou en qualité d'instituteur-adjoint, à une école libre existant depuis au moins deux ans, ayant au moins trente élèves (1).

La dispense ne peut s'appliquer aux instituteurs et aux instituteurs adjoints d'une même école que dans la proportion d'une par chaque fraction de trente élèves.

Les conseils de révision dispenseront également, à titre de soutiens de famille et jusqu'à concurrence de dix pour cent, ceux qui auront le plus de titres à la dispense.

---

(1) Voir à l'Appendice la note 5e.

ARTICLE 5.

Sont exclus de la garde nationale mobile les individus désignés aux n°s 1 et 2 de l'article 2 de la loi du 21 mars 1832 (1).

La durée du service dans la garde nationale mobile est de cinq ans.

Elle compte du 1er juillet de l'année du tirage au sort.

ARTICLE 6.

Les jeunes gens de la garde nationale mobile continuent à jouir de tous les droits du citoyen ; ils peuvent contracter mariage sans autorisation, à quelque période que ce soit de leur service ; il peuvent librement changer de domicile ou de résidence ; ils peuvent voyager en France ou à l'étranger, sans que le manquement aux exercices ou aux réunions résultant de cette absence puisse devenir contre eux le motif d'une poursuite.

Tout garde national mobile peut être admis comme remplaçant, dans l'armée active ou dans la réserve, s'il remplit les conditions des articles 19, 20 et 21 de la loi du 21 mars 1832. Dans ce cas, le remplacé est tenu de s'habiller et de s'équiper à ses frais comme garde national mobile (2).

---

(1) Voir à l'Appendice la note 6e.
(2) Voir   la note 1re.

ARTICLE 7.

En cas d'appel à l'activité ou de réunion des bataillons de la garde nationale mobile, conformément
à l'article 3 de la présente loi, le conseil de révision,
réuni au chef-lieu du département ou d'arrondissement, dispensera du service d'activité, à titre de soutiens de famille, et jusqu'à concurrence de quatre pour
cent, ceux qui auront le plus de titres à cette dispense.

Pourront se faire remplacer par un Français, agé
de moins de quarante ans et remplissant les autres
conditions exigées par les articles 19, 20 et 21 de la
loi du 21 mars 1832, ceux qui se trouvent dans l'un
des cas d'exemption prévus par les n⁰ˢ 3, 4, 5, 6 et 7
de l'article 13 de ladite loi (1).

Le conseil de révision statuera sur les demandes
de remplacement et sur l'admission des remplaçants.

SECTION II.

*De l'organisation de la garde nationale mobile. — De
son instruction. — Des peines disciplinaires.*

ARTICLE 8.

La garde nationale mobile est organisée par départements, en bataillons, compagnies et batteries.

Les officiers sont nommés par l'Empereur, et les
sous-officiers et caporaux par l'autorité militaire.

---

(1) Voir à l'Appendice la note 2⁹.

Ils ne reçoivent de traitement que si la garde nationale mobile est appelée à l'activité.

Sont seuls exceptés de cette disposition l'officier chargé spécialement de l'administration, et les officiers et sous-officiers instructeurs.

ARTICLE 9.

Les jeunes gens de la garde nationale mobile sont soumis, à moins d'absence légitime :

1o A des exercices qui ont lieu dans le canton de la résidence ou du domicile;

2o A des réunions par compagnie ou par bataillon, qui ont lieu dans la circonscription de la compagnie ou du bataillon.

Chaque exercice ou réunion ne peut donner lieu, pour les jeunes gens qui y sont appelés, à un déplacement de plus d'une journée.

Toute absence dont les causes ne sont pas reconnues légitimes sera constatée par l'officier ou le sous-officier de la compagnie, qui devra faire viser son rapport par le maire de la commune, lequel donnera son avis.

Après trois constatations faites dans l'espace d'un an, le garde national mobile peut être poursuivi, conformément à l'article 83 de la loi du 13 juin 1851, devant le tribunal correctionnel, lequel, après vérification des causes d'absence, le condamne, s'il y a lieu, aux peines édictées par ledit article.

Sont exemptés des exercices ceux qui justifient d'une connaissance suffisante du maniement des armes et de l'école du soldat.

ARTICLE 10.

Pendant la durée des exercices et des réunions, la garde nationale mobile est soumise à la discipline réglée par les articles 113, 114 et 116 de la section II du titre V de la loi du 13 juin 1851 sur la garde nationale, ainsi que par les articles 5, 81 et 83 de ladite loi (1).

Les peines énoncées à l'article 113 sont applicables, selon la gravité des cas, aux fautes énumérées aux articles 73, 74 et 76 de la section première du titre IV.(2).

La privation du grade est encourue dans les cas prévus aux articles 75 et 79, elle est prononcée (3) :

Pour les officiers, par l'Empereur, sur un rapport du ministre de la guerre ;

Pour les sous-officiers, caporaux ou brigadiers, par l'autorité militaire.

Les officiers, sous-officiers, caporaux ou brigadiers employés à l'administration ou à l'instruction sont soumis à la discipline militaire pendant la durée de leurs fonctions.

SECTION III.

De la mise en activité.

ARTICLE 11.

A dater de la promulgation de la loi de mise en activité de la garde nationale mobile, les officiers,

---

(1) Voir à l'Appendice la note 7e.
(2) Voir la note 8e.
(3) Voir la note 9e

sous-officiers, caporaux et gardes nationaux qui la composent sont soumis à la discipline et aux lois militaires. Ils supportent les charges et jouissent des avantages attachés à la situation des soldats, caporaux, sous-officiers et officiers de l'armée.

ARTICLE 12.

Sont abrogées toutes les dispositions contraires à la présente loi, et spécialement le titre VI de la loi du 22 mars 1831.

SECTION IV.

Dispositions transitoires relatives au titre 1er.

ARTICLE 13.

Les jeunes gens compris dans le contingent de la classe de 1867 jouiront simultanément du droit de se faire remplacer ou exonérer.

Le nombre des exonérations ne pourra dépasser le nombre des rengagements et des engagements après libération qui auront été contractés avant le 1er avril 1868.

Le nombre des exonérations sera réparti par canton, par un arrêté du ministre de la guerre, proportionnellement à celui des exonérations prononcées en 1867 dans le même canton.

Les exonérations seront prononcées suivant l'ordre des numéros des tirages, en commençant par les derniers.

Dispositions transitoires relatives au titre II.

ARTICLE 14.

Font partie de la garde nationale mobile, à partir de la promulgation de la présente loi, sauf les exceptions prévues par l'article 4 de la présente loi, les hommes célibataires ou veufs sans enfants des classes de 1866, 1865, 1864 qui ont été libérés par les conseils de révision.

Ceux de la classe de 1866 y serviront 4 ans.

—   1865......... 3

—   1864......... 2

L'engagement de rester dix ans dans l'enseignement, prévu par les lois de 1832, 1850 et 1867, pourra être pris au moment où il sera procédé à la formation de la garde nationale mobile, en vertu des dispositions transitoires ci-dessus.

ARTICLE 15.

Le maire, assisté des quatre conseillers municipaux les premiers inscrits sur le tableau, dresse l'état de recensement des jeunes gens de sa commune qui doivent faire partie de la garde nationale mobile conformément à l'article précédent.

A Paris et à Lyon, cet état est dressé par le préfet ou son délégué, assisté de trois membres du conseil municipal et du maire de chaque arrondissement, pour le recensement de cet arrondissement.

ARTICLE 16.

Un conseil de révision par arrondissement juge, en séance publique, les causes d'exemption, qui ne peuvent être que celles prévues par les numéros 1 et 2 de l'article 13 de la loi de 1832, et les cas de dispense prévus par l'article 14 de la même loi et par les articles 70 de la loi du 15 mars 1850 et 18 de la loi du 10 avril 1867 (1).

Toutefois, ce conseil de révision peut exempter, comme soutiens de famille, jusqu'à concurrence de dix pour cent, ceux qui auront le plus de titres à l'exemption.

Ce conseil est présidé :

Au chef-lieu du département,

Par le préfet, ou par le secrétaire général, ou par le conseiller de préfecture délégué par le préfet ;

Au chef-lieu des autres arrondissements,

Par le sous-préfet.

Il comprend en outre :

Un membre du conseil général ;

Un membre du conseil d'arrondissement ;

Un officier désigné par le général commandant le département.

En cas de partage, la voix du président est prépondérante.

Un médecin militaire est attaché au conseil de révision.

Ce conseil se transporte successivement dans les différents chefs-lieux et cantons de l'arrondissement.

---

(1) Voir à l'Appendice les notes 4 et 5.

Toutefois, selon les localités, le président peut réunir, pour les opérations du conseil, les jeunes gens appartenant à plusieurs cantons.

ARTICLE 17.

La réunion des listes arrêtées par les conseils de révision des arrondissements forme la liste du contingent départemental.

Les jeunes gens faisant partie de ce contingent sont inscrits sur les registres matricules de la garde nationale mobile du département et répartis en compagnies et en bataillons d'infanterie et en batteries d'artillerie.

FIN DE LA LOI NOUVELLE.

APPENDICE.

NOTE PREMIÈRE.

Loi du 31 mars 1832. — Articles qui sont remis en vigueur par la loi du 14 janvier 1868.

17. Le conseil de révision statuera également sur les subtitutions de numéros et les demandes de remplacement.

18. Les subtitutions de numéros sur la liste cantonale pourront avoir lieu, si celui qui se présente à la place de l'appelé est reconnu propre au service par le conseil de révision.

19. Les jeunes gens compris définitivement dans le contingent cantonal pourront se faire remplacer. Le remplacement ne pourra avoir lieu qu'aux conditions suivantes : le remplaçant devra : 1º être libre de tout service et obligations imposées soit par la présente loi, soit par celle du 25 octobre 1795 sur l'inscription maritime ; 2º être âgé de vingt à trente ans au plus, ou de vingt à trente-cinq ans s'il a été militaire, ou de dix-huit à trente, s'il est frère du remplacé ; 3º n'être ni marié, ni veuf avec enfants ; 4º avoir au moins la taille d'un mètre cinquante-six centimètres, s'il n'a pas déjà servi dans l'armée, et réunir les autres qualités requises pour faire un bon

service ; 5° n'avoir pas été réformé du service militaire ; 6° suivant sa position, être porteur des certificats spécifiés dans les articles 20 et 21 ci-après.

20. — Le remplaçant produira un certificat délivré par le maire de la commune de son dernier domicile. Si le remplaçant ne compte pas au moins une année de séjour dans cette commune, il sera tenu d'en produire également un autre du maire de la commune ou des maires des communes où il aura été domicilié pendant le cours de cette année. — Les certificats devront contenir le signalement du remplaçant et attester : 1° la durée du temps pendant lequel il a été domicilié dans la commune ; 2° qu'il jouit de ses droits civils ; 3° qu'il n'a jamais été condamné à une peine correctionnelle pour vol, escroquerie, abus de confiance ou attentat aux mœurs. — Dans le cas où le maire de la commune ne connaîtrait pas l'individu qui ferait la demande de ce certificat, il devra en constater légalement l'identité, et recueillir les preuves et témoignages qu'il jugera convenables pour arriver à la connaissance de la vérité.

21. Si le remplaçant a été militaire, outre le certificat du maire, il devra produire un certificat de bonne conduite du corps dans lequel il aura servi.

22. — Le remplaçant sera admis par le conseil de révision du département dans lequel le remplacé a concouru au tirage.

23. — Le remplacé sera, pour le cas de désertion, responsable de son remplaçant pendant un an à compter du jour de l'acte passé devant le préfet. Il sera libéré si le remplaçant meurt sous les dra-

peaux, ou si, en cas de désertion, il est arrêté pendant l'année.

24. — Les actes de substitution et de remplacement seront reçus par le préfet, dans les formes prescrites pour les actes administratifs. — Les stipulations particulières qui pourraient avoir lieu entre les contractants, à l'occasion des substitutions et remplacements seront soumises aux mêmes règles et formalités que tout autre contrat civil.

28. — Après que le conseil de révision aura statué sur les exemptions, déductions, substitutions, remplacements, ainsi que sur toutes les réclamations auxquelles les opérations du recrutement auront pu donner lieu, la liste du contingent de chaque canton sera définitivement arrêtée et signée par le conseil de révision, et les noms inscrits seront proclamés. — Les jeunes gens qui, aux termes des articles 26 et 27 sont appelés les uns à défaut des autres, ne seront inscrits sur la liste du contingent que conditionnellement et sous la réserve de leurs droits. — Le conseil déclarera ensuite que les jeunes gens qui ne sont pas inscrits sur cette liste sont définitivement libérés. Cette déclaration avec l'indication du dernier numéro compris dans le contingent cantonal sera publiée et affichée dans chaque commune du canton. — Dès que les délais accordés en vertu de l'article 27 seront expirés, ou que les tribunaux auront statué en exécution des articles 26 et 41, le conseil prononcera de la même manière la libération des réclamants ou des jeunes gens conditionnellement désignés pour les suppléer.

— Le conseil de révision ne pourra statuer ultérieurement sur les jeunes gens portés sur les listes du contingent que pour les demandes de substitution et de remplacement. La réunion de toutes les listes du contingent de chaque canton d'un même département formera la liste du contingent départemental.

29. — Les jeunes gens définitivement appelés, ou ceux qui ont été admis à les remplacer seront immédiatement répartis entre les corps de l'armée et inscrits sur les registres matricules des corps pour lesquels ils seront désignés. — Néanmoins, ils seront, d'après l'ordre de leurs numéros et les proportions déterminées par les lois annuelles du contingent, divisés en deux classes, composées, la première de ceux qui devront être mis en activité, et la seconde de ceux qui seront laissés dans leurs foyers. — Les jeunes soldats compris dans la seconde classe ne pourront être mis en activité qu'en vertu d'une ordonnance royale.

NOTE 2e.

TITRE III.

SECTION PREMIÈRE.

Des engagements.

31. — Il n'y aura dans les troupes françaises ni prime en argent, ni prix quelconque d'engagement.

32. — Tout Français sera reçu à contracter un en-

gagement volontaire aux conditions suivantes : L'en-
gagé volontaire devra : 1º s'il entre dans l'armée de
mer avoir seize ans accomplis, sans être tenu d'avoir
la taille prescrite par la loi, mais sous la condition
qu'à l'âge de dix-huit ans il ne pourra être reçu s'il
n'a pas cette taille; 2º jouir de ses droits civils;
3º n'être ni marié ni veuf avec enfants; 4º être porteur d'un certificat de bonne vie et mœurs délivré
dans les formes prescrites par l'article 20, et, s'il a
moins de vingt ans, justifier du consentement de ses
père, mère ou tuteur, ce dernier devra être autorisé
par une délibération du conseil de famille.

33. — (Voir la modification de cet article à l'article premier de la loi du 14 janvier 1868.)

34. — Les engagements volontaires seront contractés dans les formes prescrites par les articles 34,
35, 36, 37, 38, 39, 40, 42 et 44 du code civil, devant les maires des chefs-lieux de canton. — Les
conditions relatives à la durée des engagements seront insérées dans l'acte même. — Les autres conditions seront lues au contractant avant la signature,
et mention en sera faite à la fin de l'acte, le tout
sous peine de nullité.

35. — L'état sommaire des engagements volontaires de l'année précédente sera communiqué aux
chambres, lors de la présentation de la loi du contingent annuel.

SECTION II.

Des rengagements.

36. — (Voir cet article modifié à l'article premier
de la nouvelle loi du 14 janvier 1868.)

37. — Les rengagements seront contractés devant les intendants ou sous-intendants militaires, dans les formes prescrites par l'article 34, sur la preuve que le contractant peut rester ou être admis dans le corps pour lequel il se présente.

NOTE 3e.

Art. 13. — (Loi du 21 mars 1832.) Seront exemptés et remplacés dans l'ordre des numéros subséquents, les jeunes gens que leur numéro désignera pour faire partie du contingent, et qui se trouveront dans un des cas suivants : — 3o l'aîné d'orphelins de père et de mère ; — 4o le fils unique ou l'aîné des fils, ou à défaut de fils ou de gendre, le petit-fils unique ou l'aîné des petits-fils d'une femme actuellement veuve, ou d'un père aveugle ou entré dans sa soixante-dixième année ; — (Dans les cas prévus par ces deux articles 3 et 4, le frère puîné jouira de l'exemption si le frère aîné est aveugle ou atteint de toute autre infirmité incurable qui le rende impotent.) — 5o Le plus âgé des deux frères appelés à faire partie du même tirage et désignés tous deux par le sort, si le plus jeune est reconnu propre au service ; — 6o celui dont un frère sera sous les drapeaux à tout autre titre que pour remplacement ; — 7o celui dont un frère sera mort en activité de service, ou aura été réformé ou admis à la retraite pour blessures reçues dans un service commandé ou infirmités contractées dans les services de terre et de mer. — L'exemption accordée conformément aux nos 6 et 7 ci-dessus, sera appliquée dans la même famille, autant de fois que les mêmes droits s'y reproduiront. — Seront comptées néanmoins en déduction desdites exemptions les exemptions déjà accordées aux frères vivants, en vertu du présent article, à tout autre titre que pour infirmités. — Le jeune homme omis qui ne se sera pas présenté par lui ou par ses ayants cause pour concourir au tirage de la classe à laquelle il appartenait, ne pourra réclamer le bénéfice des exemptions indiquées par les nᵒˢ 3, 4, 5, 6 et 7 du présent article, si les causes de ces exemptions ne sont survenues que postérieurement à la clôture des listes du contingent de sa classe.

NOTE 4ᵉ.

Art. 13. — (Loi du 21 mars 1832.) Seront exemptés et remplacés : 1° ceux qui n'auront pas la taille d'un mètre cinquante-six centimètres ; — 2° ceux que leurs infirmités rendront impropres au service.

NOTE 5ᵉ.

Art. 14. — (Loi du 21 mars 1832.) Seront considérés comme ayant satisfait à l'appel, et comptés numériquement en déduction du contingent à former, les jeunes gens désignés par leur numéro pour faire partie dudit contingent, qui se trouveront dans l'un des cas suivants : 1° ceux qui seraient déjà liés au service dans les armées de terre ou de mer, en vertu d'un engagement volontaire, d'un brevet ou d'une commission, sous la condition qu'ils seront, dans tous les cas, tenus d'accomplir le temps de service prescrit par la présente loi ; — 2° les jeunes marins portés sur les registres matricules de l'inscription maritime conformément aux règles prescrites par les articles 1, 2, 3, 4 et 5 de la loi du 25 octobre 1795, (3 brumaire an IV), et les charpentiers de navire, perceurs, voiliers et calfats immatriculés conformément à l'article 44 de ladite loi ; — 3° les élèves de l'École polytechnique, à condition qu'ils passeront, soit dans ladite école, soit dans les services publics un temps égal à celui fixé par la présente loi sur le service militaire ; — 4° ceux qui étant membres de l'instruction publique auraient contracté, avant l'époque déterminée pour le tirage au sort et devant le conseil de l'Université, l'engagement de se vouer à la carrière de l'enseignement. — La même disposition est applicable aux élèves de l'École normale de Paris, à ceux de l'école dite de *jeunes de langue*, et aux professeurs des institutions de sourds-muets ; — 5° les élèves des grands séminaires, régulièrement autorisés à continuer leurs études ecclésiastiques ; les jeunes gens autorisés à continuer leurs études pour se vouer au ministère dans les autres cultes salariés par l'Etat, sous la condition, pour les premiers, que s'ils ne sont pas entrés dans les ordres majeurs à 25 ans accomplis, et pour les seconds, que s'ils n'ont pas reçu la consécration dans l'année qui suivra celle où ils auraient pu la recevoir, ils seront tenus d'accomplir le temps de service prescrit par la présente loi ; — 6° les jeunes gens qui auront remporté les grands prix de l'Institut ou de l'Université. — Les jeunes gens désignés par leur numéro pour faire partie du contingent cantonal et qui auront été déduits conditionnellement en exécution des numéros 1, 3, 4 et 5 du présent article, lorsqu'ils cesseront de suivre la carrière en vue de laquelle ils auront été comptés en déduction du contingent, seront tenus d'en faire la déclaration au maire de leur commune, dans l'année où ils auront cessé leurs services, fonctions ou études, et de retirer expédition de leur déclaration. — Faute par eux de faire cette déclaration, et de la soumettre au visa du préfet du département dans le délai d'un mois, ils seront passibles des peines prononcées par le 1er paragraphe de l'article 38 de la présente loi. — Ils seront rétablis dans le contingent de leurs classes, sans déduction du temps écoulé depuis la cession desdits services, fonctions ou études, jusqu'au moment de la déclaration.

NOTE 6e.

Art. 2. — (Loi du 21 mars 1832) Sont exclus du service militaire et ne pourront à aucun titre servir dans l'armée : — 1o les individus qui ont été condamnés à une peine afflictive ou infamante ; — 2o ceux condamnés à une peine correctionnelle de deux ans d'emprisonnement et au-dessus, et qui, en outre, ont été placés par le jugement de condamnation sous la surveillance de la haute police et interdits des droits civiques, civils et de famille.

NOTE 7°.

TITRE V.

SECTION II.

De la loi du 13 juin 1851.

Art. 113. — Lorsque, conformément à l'article 108, la garde nationale doit fournir des détachements en service ordinaire sur la réquisition du sous-préfet, du préfet, ou en vertu d'un décret, les peines de discipline sont fixées ainsi qu'il suit :

« Pour les officiers : 1° les arrêts simples pour dix « jours au plus ; 2° la réprimande avec mise à l'ordre ; « 3° les arrêts de rigueur pour six jours au plus ; « 4° la prison pour six jours au plus.

« Pour les sous-officiers, caporaux et soldats : « 1° la consigne pour dix jours au plus ; 2° la répri- « mande avec mise à l'ordre ; 3° la salle de disci- « pline pour six jours au plus ; 4° la prison pour six « jours au plus. »

Art. 114. — Les arrêts de rigueur, la prison et la réprimande avec mise à l'ordre ne peuvent être infligés que par le chef de corps. Les autres peines peuvent l'être par tout supérieur à son inférieur, à la charge d'en rendre compte dans les vingt-quatre heures, en observant la hiérarchie des grades.

Art. 116. — Tout garde national qui, désigné pour faire partie d'un détachement, refuse d'obtempérer à la réquisition ou quitte le détachement sans autorisation, est traduit en police correctionnelle et puni d'un emprisonnement qui ne peut être inférieur à dix jours, ni excéder trois mois ; s'il est officier, sous-officier ou caporal, il est en outre privé de son grade.

Loi du 13 juin 1851.

Art. 5. — Les citoyens ne peuvent ni prendre les armes ni se rassembler comme gardes nationaux avec ou sans uniforme, sans l'ordre des chefs immédiats, et ceux-ci ne peuvent donner cet ordre sans une réquisition de l'autorité civile.

Art. 81. — Tout garde national qui vend, détourne ou détruit volontairement les armes de guerre, les munitions ou les effets d'équipement qui lui ont été confiés, est traduit devant le tribunal de police correctionnelle et puni de la peine portée en l'article 408 du Code pénal, sauf l'application de l'article 463 du même code.

Le jugement de condamnation prononce la restitution au profit de la commune du prix des armes, munitions ou effets.

Art. 83. — Après deux condamnations pour refus de service, le garde national est, en cas de troisième refus de service dans l'année, traduit devant le tribunal de police correctionnelle et condamné à un emprisonnement qui ne peut être moindre de six jours, ni excéder dix jours.

En cas de récidive dans l'année, à partir du jugement correctionnel, le garde national est traduit de nouveau devant le tribunal de police correctionnelle, et puni d'un emprisonnement qui ne peut être moindre de dix jours ni excéder vingt jours.

Il est en outre condamné aux frais et à une amende qui ne peut être moindre de 16 francs ni excéder 30 francs, dans le premier cas, et, dans le deuxième, être moindre de 30 francs, ni excéder 100 francs.

———

NOTE 8e,

TITRE IV.

SECTION PREMIÈRE.

De la loi du 13 juin 1851.

Art. 73. — Est puni selon la gravité des cas, de l'une des peines énoncées sous les numéros 1, 2, 3 et 4 de l'article 72 (1º la réprimande, 2º la réprimande avec mise à l'ordre des motifs du jugement, 3º la prison pour six heures au moins et trois jours au plus, avec ou sans mise à l'ordre, 4º la privation du grade avec mise à l'ordre), tout officier qui étant de service ou en uniforme tient une conduite qui compromet son caractère ou porte atteinte à l'honneur de la garde nationale.

Est puni de l'une des mêmes peines et selon la gravité des cas, tout officier ou chef de poste qui commet une infraction aux règles du service, à la discipline ou à l'honneur de la garde nationale et notamment qui contrevient à l'article 5 (*cité plus haut*) de la présente loi.

Art. 74. — Est puni de la prison, tout officier ou sous-officier, chef de poste, de détachement, qui, étant de service, s'est rendu coupable :

D'inexécution d'ordres reçus ou d'infraction à l'article 6 de la présente loi ;

De manquement à un service commandé ou d'absence de poste non autorisée ;

D'inexactitude à signaler, dans les formes requises, les fautes commises par ses subordonnés ;

De désobéissance ;

D'insubordination ;

De manque de respect ; de propos offensants ou d'insultes envers les officiers d'un grade supérieur ;

De propos outrageants envers un subordonné, ou d'abus d'autorité.

Art. 76. — Peut être puni, selon la gravité des cas, de la réprimande, de la réprimande avec mise à l'ordre ou de la prison pour deux jours au plus et trois en cas de récidive :

1° Tout sous-officier, caporal ou garde national coupable d'inexécution des ordres reçus, de désobéissance, d'insubordination ou de refus d'un service commandé ;

Sont considérés comme services commandés non-seulement les services commandés dans la forme ordinaire, mais encore les prises d'armes par voie de rappel ou de convocation verbale ;

2° Tout sous-officier, caporal ou garde national de service, qui est en état d'ivresse, profère des propos offensants contre l'autorité, ou tient une conduite qui porte atteinte à la discipline ou à l'ordre ;

3º Tout sous-officier, caporal ou garde national de service qui abandonne ses armes, sa faction et son poste avant d'être relevé ;

L'arrivée tardive au lieu du rassemblement, l'absence du poste sans autorisation et l'absence prolongée au delà du terme fixé par l'autorisation peuvent être considérées comme abandon du poste ;

4º Tout sous-officier, caporal ou garde national qui enfreint l'article 5 de la présente loi ;

5º Tout sous-officier, caporal ou garde national dont l'armement est mal entretenu ou qui ne fait pas son service en uniforme, dans les communes où 'uniforme est obligatoire.

NOTE 9ᵉ.

Loi du 13 juin 1851.

75. — Dans le cas où l'ordre public est menacé, tout garde national qui, sans excuse légitime ne se rend pas à l'appel, est puni d'un emprisonnement qui ne pourra excéder trois jours. — Tout officier, sous-officier ou caporal est en outre privé de son grade. — Le jugement est mis à l'ordre. — Le conseil de discipline peut, de plus, prononcer contre les condamnés la radiation des contrôles du service ordinaire pour un temps qui n'excédera pas cinq an-

nées, et ordonner l'affiche du jugement à leurs frais. — Tout garde national rayé des contrôles du service ordinaire est immédiatement désarmé.

79. — Est privé de son grade par le jugement de condamnation, tout officier, sous-officier ou caporal qui, après une première condamnation, est, dans les douze mois, puni de la prison pour une seconde infraction par le conseil de discipline.

LE

CAS D'EXEMPTION.

L'exemption qui est la faculté qu'à le conscrit *tombé au sort* de se soustraire au service militaire, est fondée soit sur l'inaptitude physique de l'individu, soit sur la situation de famille.

La loi reconnaît comme exemptions physiques le défaut de taille, les infirmités.

L'article 1er de la loi du 14 janvier 1868 qui vient *d'abaisser d'un centimètre* le minimum de la taille, exempte tout individu qui n'a pas la taille *d'un mètre cinquante-cinq centimètres.*

La constatation des infirmités est fort sévère. Les conseils de révision doivent se défier de certains conscrits qui simulent ou se créent des infirmités ; la loi leur accorde la libre faculté de juger les conditions physiques qui peuvent être des causes d'exemption.

Nous donnons la nomenclature des infirmités qui peuvent soustraire les conscrits au service militaire :

Maladies générales. — Faiblesse de constitution.

— Anémie. — Scrofules, — Syphilis. — Scorbut.
— Tubercules, — Mélanose. — Cancer. — Cancroïdes et tumeurs plastiques,

Maladies de la peau. — Dartres. — Erzéma. — Lichen. — Pityriasis. — Lupus. — Acné. — Herpés. — Erysipèle. — Pellagre. — Exanthêmes provoqués. — Ulcères. — Nœvi materni. — Tumeurs érectiles. — Cicatrices. — Productions pileuses ou cornées.

Maladies du tissu cellulaire. — Maigreur et amaigrissement. — Obésité. — Anasarque. — Œdème. — Abcès aigus. — Abcès froids. — Abcès par congestion. — Lipomes, kystes.

Maladies des membranes séreuses. — Hydropisie,

Maladies des artères. — Anévrismes. — Atérite et oblitérations artérielles.

Maladies des veines. — Varices.

Maladies du système lymphatique. — Dilatation des vaisseaux lymphatiques. — Agioleucite. — Morve et farcin. — Adénite lymphatique.

Maladies des nerfs. — Paralysie. — Paralysie saturnine. — Paralysie par dégénérescence graisseuse. — Paralysie par cause externe. — Paralysie générale progressive. — Tremblement habituel. — Atrophie partielle du système musculaire, — Contractures. — Névrômes.

Maladies des muscles, des tendons et de leurs gaines. — Rupture musculaire. — Rétraction et rupture tendineuse. — Affections des gaines tendineuses.

Maladies des os et des articulations. — Ankylose, périotoses et exostoses.

Maladies du cuir chevelu. — Teigne. — Eczéma. — Impétigo. — Plique. — Tumeurs.

Maladies du crâne. — Développement du crâne. — Ossification imparfaite. — Déformation. — Fractures. — Pertes de substance. — Tumeurs.

Affections de l'encéphale et du système nerveux. Idiotie. — Crétinisme. — Aliénation mentale et démence. — Epilepsie. — Vertige épileptiforme. — Catalepsie. — Extase. — Somnambulisme. — Chorée. — Delirium tremens. — Nostalgie.

Maladies des oreilles. — Perte du pavillon de l'oreille. — Atrophie. — Hypertrophie. — Oblitération ou rétrécissement du conduit auditif. — Polypes. — Corps étrangers. — Perforation de la membrane du tympan. — Obstruction. — Rétrécissement. — Oblitération. — Otite aiguë et chronique. — Ecoulements puriformes. — Suppuration des cellules mastoïdiennes. — Surdité. — Surdi-mutité.

Maladies de la face. — Difformités et exostoses du front. — Mutilation. — Ulcères de la face. —

Fistules. — Dartres. — Névralgies. — Paralysies.

Maladies des yeux. — Affections du globe oculaire. — Lésions organiques. — Ophthalmies. — Affections de la cornée. — Opacités ou taies. — Tumeurs. — Affections de l'iris. — Affections de la sclérotique. — Affections du cristallin et de sa capsule. — Amauroses. — Affections du nerf optique. — Troubles de la vision. — Myopie. — Presbytisme. — Hémiopie. — Diplopie. — Pseudoblepsie. — Photophobie. — Héméralopie. — Nyctalopie. — Affections de la conjonctive. — Affections de l'orbite. — Affections des muscles de l'œil. — Strabisme. — Affections des paupières. — Affections des voies lacrymales. — Larmoiement habituel.

Maladies du nez et des fosses nasales. — Difformités. — Affections herpétiques. — Oblitérations des narines. — Perforation de la cloison. — Corps étrangers. — Epistaxis. — Rhinite chronique. — Polypes. — Ozène.

Maladies des sinus de la face. — Affections diverses. — Occlusion.

Maladies des os maxillaires. — Affections et lésions des maxillaires supérieurs et inférieurs. — Affections de l'articulation temporo-maxillaire. — Luxation. — Constriction. — Ankylose.

Maladies de la bouche. — Affections des lèvres.

— Bec-de-lièvre. — Paralysie labiale. — Affections des gencives. — État fongueux. — État scorbutique. — État et affection des dents. — Perte des dents. — Absence congénitale des dents. — Fistules dentaires. — Affections de la langue. — Perte partielle. — Rétraction. — Bégayement. — Mutisme. — Affections du voile du palais. — Affections de la luette. — Affections des glandes salivaires. — Écoulement involontaire de la salive. — Fistules salivaires. — Hypertrophie des amygdales.

Maladies des amygdales. — Tumeurs ganglionaires. — Goître. — Torticolis. — Affections de l'épiglotte, du larynx et de la trachée. — Aphonie. — Affections du pharynx. — Angine diphthéritique. — Angine gangréneuse. — Affections des vertèbres cervicales.

Maladies de la poitrine et du dos. — Affections du thorax. — Lésions des poumons. — Emphysème traumatique. — Affections des côtes et du sternum. — Ostéite sterno-costale. — Affections de la clavicule et de la région claviculaire. — Affections du sein chez l'homme. — Déformation du thorax par cause interne. — Bronchite et pneumonie chroniques. — Emphysème pulmonaire. — Phthisie pulmonaire. — Hémoptysie. — Epanchement pleurétique. — Lésions organiques du cœur. — Cyanose.

— Asthme. — Affections du rachis. — Raccourcissement de la taille. — Phlegmon dn dos. — Anthrax.

Maladies des lombes et de l'abdomen. — Lumbago. — Hernies lombaires. — Contusions de l'abdomen. — Péritonite traumatique. — Hernies. — Étranglements internes. — Anus anormal. — Tumeurs et engorgements de l'anus. — Tumeurs de laine. — Phlegmasies chroniques. — Hypertrophie du foie et de la rate. — Abcès de la rate. —Calculs biliaires. — Ictère. — Tœnia et autres entozoaires.

Maladies du bassin. — Difformités congénitales. — Relâchement des symphyses. — Sacro-coxalgie. — Entorse et luxation du coccyx.

Maladies de la région périnéale. — Anomalies d'organisation. — Plaies et Déchirures. —Fistules. — Tumeurs.

FIN.

TABLE

Clichy. — Imp. Maurice LOIGNON et Cie, rue du Bas-d'Asnières, 42.

www.ingramcontent.com/pod-product-compliance
Lightning Source LLC
Chambersburg PA
CBHW070927280326
41934CB00009B/1778